# MANUSCRITS PERDUS

DE LA

# SOMME PROVENÇALE

DU CODE DE JUSTINIEN

PAR

## H. SUCHIER

PROFESSEUR A L'UNIVERSITÉ DE HALLE-SUR-SAALE

(Extrait des *Annales du Midi*, tome VI, année 1894.)

TOULOUSE

IMPRIMERIE ET LIBRAIRIE ÉDOUARD PRIVAT

45, RUE DES TOURNEURS, 45

1894

# MANUSCRITS PERDUS

DE LA

# SOMME PROVENÇALE

DU CODE DE JUSTINIEN

PAR

## H. SUCHIER

PROFESSEUR A L'UNIVERSITÉ DE HALLE-SUR-SAALE

(Extrait des *Annales du Midi*, tome VI, année 1894.)

TOULOUSE
IMPRIMERIE ET LIBRAIRIE ÉDOUARD PRIVAT
45, RUE DES TOURNEURS, 45

1894

# MANUSCRITS PERDUS

### DE LA

# SOMME PROVENÇALE

### DU CODE DE JUSTINIEN

---

M. J. Tardif a énuméré ici même[1] les manuscrits qui nous ont transmis la Somme provençale du Code de Justinien. On en connaît sept, y compris les trois manuscrits qui en contiennent une transcription française. Comme il qualifie l'ouvrage de *Version provençale d'une Somme du Code*, M. Tardif semble convaincu que la Somme provençale est la simple traduction d'une Somme latine. Cette opinion ne cadre pas avec les recherches de M. Fitting, avec lequel je prépare une édition critique de l'ouvrage provençal, et qui est d'avis qu'il s'agit plutôt d'une composition originale librement élaborée à l'aide d'un certain nombre de sources latines[2]. M. Fitting a même trouvé la source principale où le vieux auteur avait puisé, et il l'a mise sous presse pour la rendre accessible au public dans quelques mois au plus tard.

Notre ouvrage provençal doit avoir joui de son temps d'une grande vogue. Outre les manuscrits mentionnés par M. Tardif, il y en a eu d'autres dont l'existence est attestée par quelques

---

1. *Annales du Midi*, t. V, pp. 34 et suiv.
2. Voir les *Sitzungsberichte der kœniglich Preussischen Academie der Wissenschaften zu Berlin, Phil.-hist. Klasse*, t. XXXVII, pp. 763 et suiv.

catalogues ou inventaires d'anciennes bibliothèques et qui doivent passer pour perdus jusqu'à l'heure où un heureux hasard les tirera de leurs cachettes.

Les manuscrits dont je vais parler sont au nombre de six. Quatre de ces manuscrits renfermaient incontestablement le texte de notre Somme provençale; pour les deux autres, l'identité de leur texte avec cette Somme est seulement probable.

1.

Dans la bibliothèque du roi Martin d'Aragon se trouvait, à l'époque où il mourut, ce qui arriva le 31 mai 1410, un manuscrit, décrit dans l'Inventaire dépouillé par Milá y Fontanals, *De los trovadores en España* (Barcelona, 1861), pp. 488 et s.[1], sous le n° 76, comme contenant LO CODI EN CATHALA, lequel, ajoute Milá, porte la date 1309 (*lleva el año* 1309).

Le directeur des Archives de la Couronne d'Aragon, à Barcelone, M. Francisco de Bofarull, a bien voulu transcrire littéralement pour moi les articles de l'Inventaire ayant rapport aux traductions du Code.

Voici d'abord le titre général de cet Inventaire : *Varia 27. Inventarium bonorum et capellæ Regis Martini. Numero moderno Registro 2,326.*

La rubrique du premier feuillet qui se rapporte au catalogue de la bibliothèque inventoriée est celle-ci : *Translat del inventari fet dels libres los quals eren del molt alt e molt excellent princep e senior Rey en Marti de gloriosa recordacio, los quals son pervenguts a ma o senyoria de la molt illustre senyora la senyora Reyna Margarita muller sua, a la qual per certs titols pertanyen.*

La description du n° 76 est rédigée en ces termes : *Item un altre libre appellat* LO CODI EN CATHALA, *scrit en pergamins ab posts de fust cubert de cuyro vert ab. v. claus a cascuna post et ab dos tancadors de seda grogua e ver-*

---

[1]. Pp. 517 et s. de l'édition de 1889 (*Obras completas de Milá y Fontanals,* tomo segundo).

*mella. lo qual començα en la rubrica de vermello* : Açı COMENSEN LES ROBRIQUES, *e en lo negre :* DE SUMA DE TRINITAT, *e faneix en vermello* : NONAS FEBRUARIJ ANNO DOMINI M° CCC NONO.

Aujourd'hui aucune traduction catalane du Code n'est connue, et comme les Catalans ne se sont pas fait faute d'enrichir leur littérature en transcrivant souvent dans leur idiome des ouvrages provençaux, il est permis de supposer que ce texte catalan du Code était une transcription catalane de notre Somme.

Il est probable que ce manuscrit existait déjà avant la date indiquée. Il résulte d'un document émanant du roi Jacques II d'Aragon et daté du 24 octobre 1308 qu'alors on avait confisqué plusieurs manuscrits appartenant aux Templiers. Des extraits de ce document ont été donnés, d'après une publication antérieure due à un savant espagnol[1], par Théodore Gottlieb, *Ueber mittelalterliche Bibliotheken* (Leipzig, 1890), p. 268[2].

Parmi les manuscrits confisqués aux Templiers se trouve mentionné en premier lieu un manuscrit dont voici la description :

*Unum librum vocatum* CODI *cohopertum cum tabulis ligneis cum pargio*[3] *viridi et cum* STOTG[4] *de..., scriptum in pergameno in Romancio, qui incipit* ASSI CONVENCEN (corr. COMENCEN) LES RUBRIQUES DEL PRIMER LIBRE DEL CODI *et finit in ultima linea ipsius libri* VERSATUR AMANTIS.

Ce manuscrit a évidemment passé peu de temps après dans la bibliothèque du roi d'Aragon, où l'on a marqué la date de son entrée en y inscrivant la date du 5 février 1309 relevée dans l'Inventaire des manuscrits du roi Martin.

---

1. Villanueva, *Viage literario á las iglesias de España*, t. V. (Madrid, 1806), pp. 200 et s.

2. Ce passage, et un autre du même ouvrage que j'aurai à citer un peu plus loin, m'ont été signalés par un savant Italien, M. Luigi Chiappelli, de Pistoie.

3. *Pargia* signifie, suivant Du Cange, « zona latior ex corio »; *parcho*, *parjo* (lim.) s. f., suivant Mistral, couverture de livre ou de cahier, en Guienne; *parge*, suivant de Rochegude, basane, parchemin.

4. *Stotg*, correspond au mot français *étui*.

Si ma conjecture est juste, ce manuscrit serait aussi remarquable par son contenu que par les vicissitudes de son sort. Il serait fort à souhaiter qu'il fût bientôt retrouvé par un savant de sa patrie[1].

2.

L'Inventaire des livres du roi Martin d'Aragon mentionne un autre manuscrit d'une traduction ou d'un remaniement du Code. Cette fois, il est absolument sûr qu'il s'agit du texte de notre Somme provençale, car l'Inventaire donne la description de ce manuscrit en ces termes :

[f. 18] N. 131 (suivant M. Milá, ce serait le numéro 129). *Item vn altre appellat* CODI EN THOLOZA, *scrit en pergamèns ab posts de fust e cuberta de cuyro vermell sens tancadors, lo qual començà en vermello :* DE SUMMA TRINITATE, *e en lo negre :* DE TOTES LES COSAS, *e faneix :* ANTEQUAM MORS SEQUATUR AMEN.

Ce début est en effet identique à celui de la Somme provençale qui est : *De totas las causas.* Il est vrai que dans l'Inventaire les mots TOTES LES revêtent la forme catalane; cependant la langue du texte perdu doit avoir été le provençal, puisque l'Inventaire ajoute formellement *en Tholozà* (*en toulousain*), ce qui ne peut signifier autre chose que *en provençal*. C'est donc par une négligence, d'ailleurs facile à comprendre, que l'on a substitué dans les deux mots cités la langue catalane à la langue provençale.

1. Les manuscrits du roi Martin sont dispersés; voir sur l'un d'eux, qui appartenait aux Rothschild de Francfort, le *Catalogue des livres composant la bibliothèque de feu M. le baron James de Rothschild* [par Émile Picot], t. III, p. 326. — Don Manuel de Bofarull y de Sartorio, décédé à Barcelone le 25 novembre 1892, avait préparé une nouvelle édition de l'Inventaire de 1410, qu'il n'a pas eu le temps de publier avant sa mort. Son fils et successeur, D. Francisco de Bofarull, promet de la faire imprimer dans le périodique catalan *L'Avens*.

## 3.

La description suivante de l'Inventaire semble se rapporter à un manuscrit de la traduction française de la Somme provençale, laquelle nous est parvenue dans trois manuscrits de la Bibliothèque nationale :

[f. 22] N. 158 (157 suivant Milá). *Item un altre libre appellat* Lo Codi en frances, *scrit en pergamins ab posts de fust et cubert de cuyro blau ab. v. claus a cascuna post e ab dos tancadors de parxa de seda vermella, lo qual començà en vermello :* Açi començà, *e en lo negre :* Per totes les chouses, *e faneix :* Pater noster per cortesia.

Il résulte de la rubrique de l'Inventaire que les manuscrits du roi Martin passèrent à sa veuve Marguerite de Prades.

M. le D<sup>r</sup> Hœbler, de Dresde, très versé en ces matières, m'apprend que cette princesse se retira au couvent de Bon-Repos, près de Tarragone, dont elle devint abbesse. Ce couvent fut plus tard uni à celui de Santas Creus, dont les manuscrits ont passé à la bibliothèque provinciale de Tarragone[1].

## 4.

En 1308, on confisqua aux Templiers un autre manuscrit de notre Somme, outre celui que j'ai mentionné.

Évidemment, ce manuscrit n'est pas identique avec le *Codi en tholozà* du roi Martin; car nous connaissons le texte de la première rubrique, suivant l'un et l'autre de ces manuscrits, et nous savons qu'elle était en latin dans celui-ci, en catalan dans celui-là. L'explicit est encore différent. La reliure n'est pas la même. C'est donc un quatrième manuscrit perdu de notre Somme.

Voici la description de ce manuscrit dans l'Inventaire de 1308 (édition de Villanueva, p. 201) :

[1]. Cf. le *Viaje literario*, de Villanueva. XVIII, 35 et xx, 114, et la dernière livraison du travail de M. Beer sur les manuscrits d'Espagne dans les *Sitzungsberichte* de l'Académie de Vienne, t. CXXIX, art. 3, p. 22.

*Item quendam alium librum in pergameno scriptum, cum cohoperta pergameni, qui incipit :* DE SOBIRANA TRINITAT ET DE FE CATHOLICA, *et finit :* VE HOM MORT EN CIUTAT.

Le premier passage cité ici est la première rubrique pour laquelle la Somme provençale dans les manuscrits de Paris a gardé le texte latin ; l'autre est la fin de la dernière rubrique. *Sobirana* est la forme catalane pour *sobeirana ; ve,* qui est dénué de sens, est sans doute erroné.

### 5.

Dans l'Inventaire des livres laissés par Robert de Béthune en 1322 et résumé par Gottlieb (*l. c.*, p. 258), nous trouvons mentionné : *Une somme estrete de latin en romans sous Code et sous Digeste*[1].

On connaît plusieurs traductions plus ou moins libres du Code en français ; cependant on n'en connaît pas où à côté du Code le Digeste ait été mis à contribution. D'autre part, cette donnée de l'Inventaire s'appliquerait fort bien à la traduction française de la Somme provençale, laquelle nous est transmise par trois manuscrits parmi les sept énumérés par M. Tardif ; car l'auteur inconnu de la Somme provençale, d'un bout à l'autre de son ouvrage, s'est servi du Digeste concurremment avec le Code.

On aimerait fort à savoir si ce manuscrit existe encore dans quelqu'une des bibliothèques du nord de la France ou de la Belgique.

### 6.

On a récemment trouvé à Paris un catalogue de manuscrits écrit d'une main du dix-septième siècle. Ce catalogue, qui embrasse quarante-trois numéros, a été acquis par M. Léopold Delisle pour la Bibliothèque nationale et publié par le même savant dans la *Bibliothèque de l'École des chartes,*

---

1. Le document entier se trouve publié dans les *Annales de la Société d'émulation de la Flandre occidentale,* t. I (Bruges, 1839), p. 183.

t. L. p. 159, année 1889. Il avait été trouvé chez M. Saffroy, libraire aux Prés-Saint-Gervais (Seine), qui l'avait offert en vente dans son Catalogue 5, sous le n° 5752. Malheureusement, M. Saffroy, à qui j'ai adressé cette question, ne se rappelle plus où il avait fait l'acquisition de ce document.

Cette liste porte, sous le n° 29, la mention suivante :

*Comment sur le Code de Justinien en langue vulgaire de Gasconhe, sur parch., in-4°.*

C'était évidemment un manuscrit de notre Somme provençale. Mais qui était le possesseur de ces manuscrits, et qu'est-ce qu'ils sont devenus depuis ?

Pour aborder ces questions nous profitons d'un renseignement donné dans la liste même à l'occasion de la description du manuscrit 40 (*Traduction de la Comedie de Dantes faicte par François de Bergaigne*[1]). En voici la teneur :

« *C'est le propre libre qui fut presanté par le dict Bergaigne a la reyne Claude premiere femme du roy François le Grand, ainsy que M*$^r$ *de Lizet premier president au parlement de Paris et despuis abbé de Saint-Victor les Paris le dict a Marguerite de Chaluet sa niepce mon ayeule malrenele lorsqu'il le luy donna en Auuernhe.* »

Celui qui a dressé cette liste était le fils d'une fille de Marguerite de Chalvet, nièce de Pierre de Lizet, premier président au Parlement de Paris. Lizet, fils d'un lieutenant général d'Aurillac, était né en 1482 à Salers (Cantal), suivant les *Éloges de tous les premiers présidents au parlement de Paris par De l'Hermite-Souliers et François Blanchard* (Paris, 1645, fol.), pp. 65-6. Premier président au Parlement de Paris depuis 1529, il fut destitué de ses fonctions en 1550 ; il devint alors abbé de Saint-Victor de Paris et mourut dans cette ville le 7 juin 1554.

Après avoir constaté que les *Etudes sur Pierre Lizet par F. de Larfeuil* (Clermont-Ferrand, 1856) n'apportent rien à

---

1. La Bibliothèque nationale possède deux manuscrits de cet ouvrage. Voir Léopold Delisle, *Manuscrits latins et français ajoutés aux fonds des nouvelles acquisitions*, Paris, 1891, p. 205. — M. Camille Morel annonce une édition partielle de l'ouvrage de Bergaigne.

la question qui nous occupe ici, j'ai été demander des informations aux documents généalogiques de la Bibliothèque nationale. La parenté de Lizet avec sa nièce Marguerite de Chalvet est éclairée par les documents du *Dossier bleu* 164.

Beringon de Chalvet-Rochemontés[1], seigneur de Freluc, Salins, Jarrigues, etc., originaire de Salers, épousa en secondes noces Françoise de Liset, sœur du premier président du Parlement de Paris. Leur fille Marguerite épousa Jean Imbert d'Ardenne, seigneur de Graves, Pruines et Cabanes en Rouergue.

Il résulte de ces données que la mère de celui qui a dressé notre liste était une Imbert d'Ardenne, fille de Marguerite de Chalvet et de Jean Imbert d'Ardenne.

Maintenant il s'agirait de découvrir les noms et les mariages des filles issues de ce mariage; mais sur ce point les documents de la Bibliothèque nationale que j'ai consultés me refusèrent tout renseignement.

Ici, M Antoine Thomas, directeur des *Annales du Midi*, me vint en aide. Il avait fait les mêmes recherches que moi. Non seulement il avait obtenu les mêmes résultats, mais il était en outre entré en relation avec des personnes apparentées ou alliées avec les familles de Chalvet-Rochemonteix et d'Ardennes, M. A. de Rochemonteix, à Paris, et M. Boudet, président du tribunal de Saint-Flour. Il leur doit, et surtout à ce dernier, les renseignements que voici.

Jean Imbert d'Ardenne, originaire de Villefranche-de-Rouergue, était receveur général des rentes au Parlement de Toulouse[2]. Il mourut en 1586 au château de Graves qu'il avait fait construire en 1553. Il avait fait son testament en 1584 au mois de juillet. Il fut enterré dans la chapelle des Imbert de l'église collégiale de Villefranche. Sa femme Marguerite fut enterrée au couvent des Cordeliers de la même ville.

De ce mariage sont issus quatorze enfants, dont cinq filles

---

1. Je laisse subsister l'orthographe des noms propres sans rien y changer.

2. Sa nomination, du 9 novembre 1554, se trouve en original à la Bibl. Nat. *Pièces originales*, t. 1556, dossier *Imbert*, n° 3.

mariées. Voici les noms de ces dernières et ceux de leurs maris :

1. Marguerite, épousa N. de Colonges, juge-mage et maître des requêtes de la reine Marguerite.

2. Françoise, épousa en premières noces N. d'Escarlian, d'Albi ; en secondes, N. Du Bruel, avocat de Gascogne.

3. Catherine, épousa Guy de Mayniel s$^r$ de Fraissinet, à Toulouse. D'où M. Du Mayniel.

4. Jeanne, épousa en premières noces Antoine Cat s$^r$ de Bilhorqua et Trémolhes ; en secondes, Raymond de Neffers s$^r$ de Salgues.

5. Perrette, épousa N. Du Puy, juge de Saint-Sernin et syndic du Rouergue.

Le possesseur des manuscrits, celui qui a dressé la liste imprimée, devait évidemment descendre d'un de ces sept mariages. Mais duquel, et eurent-ils tous de la postérité ?

La seule donnée que la liste nous fournisse encore sur sa personne, c'est qu'il avait été à Toulouse et à Rodez. Cette circonstance pourrait plaider soit en faveur du fils de Guy de Mayniel demeurant à Toulouse, soit en faveur du fils de M. Du Puy, juge de Saint-Sernin (Aveyron) et syndic du Rouergue. Enfin, un petit fait semble emporter la balance du côté de Toulouse : c'est que l'auteur du catalogue, à ce qu'il paraît du moins, se sert des termes *langue vulgaire de Gasconhe*, *langue gascone*, *langage gascon* pour désigner le provençal.

Là s'arrêtent mes recherches et celles de M. Thomas qui a bien voulu me communiquer tout ce que j'ai pu présenter ici sur la descendance de Marguerite de Chalvet.

Quant à la liste de manuscrits imprimés par M. Delisle, son intérêt est loin de se borner au manuscrit perdu de la Somme provençale. Outre des manuscrits historiques, des classiques latins, etc., on y remarque une *Traduction du Genèse en langue gascone* (34), qu'il sera permis d'identifier avec la Chronique universelle provençale bien connue (voir mes *Denkmœler der Provenzalischen Litteratur und Sprache*, t. I, pp. 495 et s.) et un *Roman de Guillaume duc d'Aquitaine* (41), lequel, si ce n'était pas le roman en prose de Guillaume d'Orange, fournirait sans doute des leçons précieuses aux textes des chansons de ce héros.

Voilà les manuscrits perdus de la Somme provençale du Code dont on rencontre encore des traces. Aucun de ces six manuscrits ne semble exister parmi les sept manuscrits de la Somme qui nous sont parvenus. Le premier était en catalan. L'existence du sixième nous est attestée à une époque pour laquelle nous constatons que les quatre manuscrits provençaux conservés se trouvent ailleurs. Quant aux autres, aucun des manuscrits conservés ne porte la moindre trace de ce qu'il ait jamais appartenu à une bibliothèque d'Espagne ou de Flandre, et surtout aucun ne s'accorde avec les détails que nous donnent les Inventaires.

En finissant, je prie tous ceux qui pourraient fournir des renseignements, même insignifiants, propres à éclaircir les questions traitées ici, de vouloir bien les communiquer soit au directeur des *Annales du Midi*, M. le professeur Antoine Thomas, à Paris, soit au soussigné.

www.ingramcontent.com/pod-product-compliance
Lightning Source LLC
Chambersburg PA
CBHW061612040426
42450CB00010B/2439